La Gran Biblioteca de Las Tres Mellizas

El libro de la selva

CROMOSOMA

El libro de la Selva
Las Tres Mellizas

Las Mellizas han ido al zoo. Como les gustan tanto los animales, he pensado que allí iban a dejarme tranquila… ¡Pero me he equivocado! Se han dirigido directamente a la jaula de un tigre que parecía estar dormido pero que, al acercársele, ha abierto los ojos y una boca enorme, de donde ha salido un bostezo. El responsable del zoo ha explicado a las niñas que el animal está triste porque está enjaulado y que ellos querrían tener a los animales en espacios abiertos, pero que no tienen dinero para hacer mejoras. Creo que voy a mandar a las niñas a la selva… Así sabrán lo peligrosos que son los animales salvajes. Y también mandaré a los ratones. A ver si los encuentras: están en cada una de las páginas de este cuento.

Las Mellizas no conocen ninguno de los ruidos que hace la selva. Ahora caminan por ella con mucho cuidado de no pisar una serpiente… Por encima de sus cabezas, en las ramas de los árboles, algunos animalitos las observan atentamente…

–¡Aquí sí que son felices los animales! –exclama Elena.

–Si pudiéramos ayudar a los animales del zoo… –dice Ana.

–Ya habéis oído lo que ha dicho ese señor del zoo: la solución sería reformar el parque, pero como no hay dinero… –dice Teresa.

De repente, el chasquido de una rama que se rompe asusta a las niñas, que se dan la vuelta enseguida. Pero no ven a nadie, tan sólo a un búho algo desorientado que mueve sus alas.

–Je, je, je… ¡No me han visto! –sonríe Aburrida, escondida detrás de unos matorrales.

7

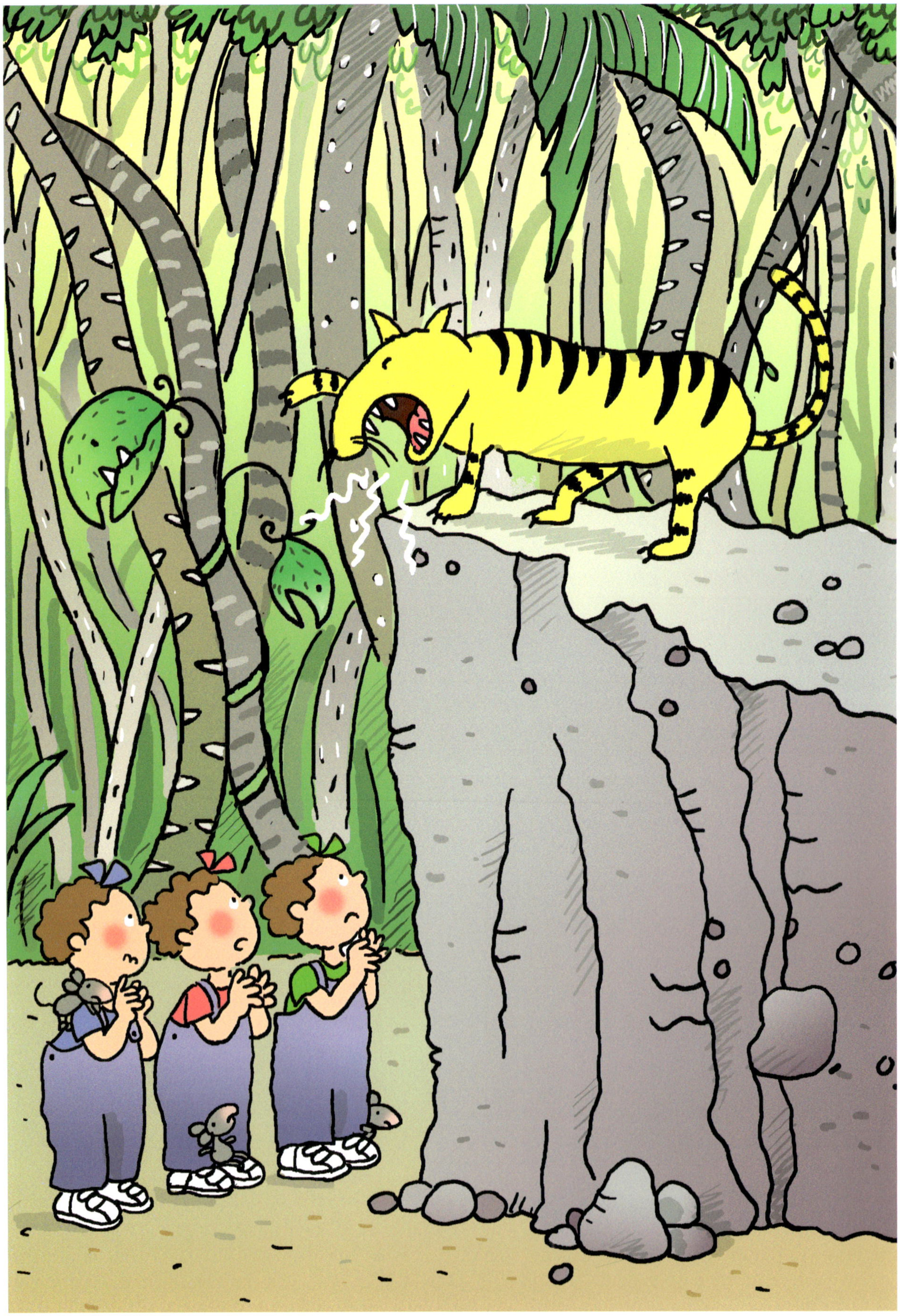

La selva es un lugar muy peligroso, y las Mellizas ni siquiera saben hacia dónde deben ir. De momento, caminan en fila por un sendero rodeado de unas plantas enormes y salvajes.

–¿Habéis visto esta flor tan grande? –dice Ana, mientras está a punto de olerla.

–¡Cuidado con la nariz! –exclama Teresa al ver que la flor se abre de golpe–. ¡Es una flor carnívora!

Elena no puede parar de reír, pues se imagina a la pobre Ana sin nariz.

–¿Qué habríamos hecho para recuperar tu na…? ¡Aaah! –grita Elena dando un salto atrás.

En medio del camino, desde lo alto de una roca, un enorme tigre se dispone a atacar a las tres niñas.

–¡Grrr! –gruñe el animal mostrándoles unos colmillos perfectamente afilados–. ¡Tengo mucha hambre!

Las Tres Mellizas se quedan inmóviles; quizá así el tigre creerá que son estatuas y pasará de largo sin probarlas…

El tigre continúa plantado delante de las Mellizas, que empiezan a retroceder.

—Supongo que para ti somos un delicioso aperitivo, ¿no es cierto? —dice Ana.

—Debes de zamparte a todas las personas que se atreven a pisar la selva... —prosigue Teresa.

—Seguro que también te has comido al pobre Mowgli —dice Elena.

De repente, el tigre abre unos ojos como platos y acerca su hocico a la cara de Elena.

—¡Aaah! —chillan las niñas.

—¿Conoces a Mowgli? —le pregunta, interesado, el tigre.

—Lo estamos buscando porque es el único que puede ayudarnos a encontrar una solución para mejorar la vida de los animales del zoo... Pero si te lo has comido, no hay nada que hacer —asegura Elena.

En aquel instante, el tigre se sienta y empieza a llorar, desconsolado:

—Mowgli y yo somos buenos amigos. Hace un tiempo, un cazador se lo llevó a un poblado y desde entonces he perdido su rastro.

11

Unos kilómetros más allá, en un poblado de cazadores, Mowgli está sentado en una jaula que hay en el interior de una pequeña cabaña. Un malvado cazador, que no le deja solo ni un minuto, lo está vigilando.

–Mis amigos los animales no tardarán en venir a salvarme –grita Mowgli.

–Eso es completamente imposible, amigo mío –dice el cazador–, porque he borrado tu rastro.

Aun así, Mowgli confía en que Shere Khan, su inseparable amigo tigre, encontrará la forma de llegar hasta el poblado.

–¡Ja, ja, ja! ¡Mira que eres inocente, muchacho! Hasta que no me digas dónde puedo encontrar la Ciudad de los Simios, no vas a salir de aquí.

Mowgli nunca va a confesar este secreto, nunca va a decir dónde está la Ciudad de los Simios, el lugar donde se esconden los tesoros de los animales de la selva, porque sólo les pertenecen a ellos.

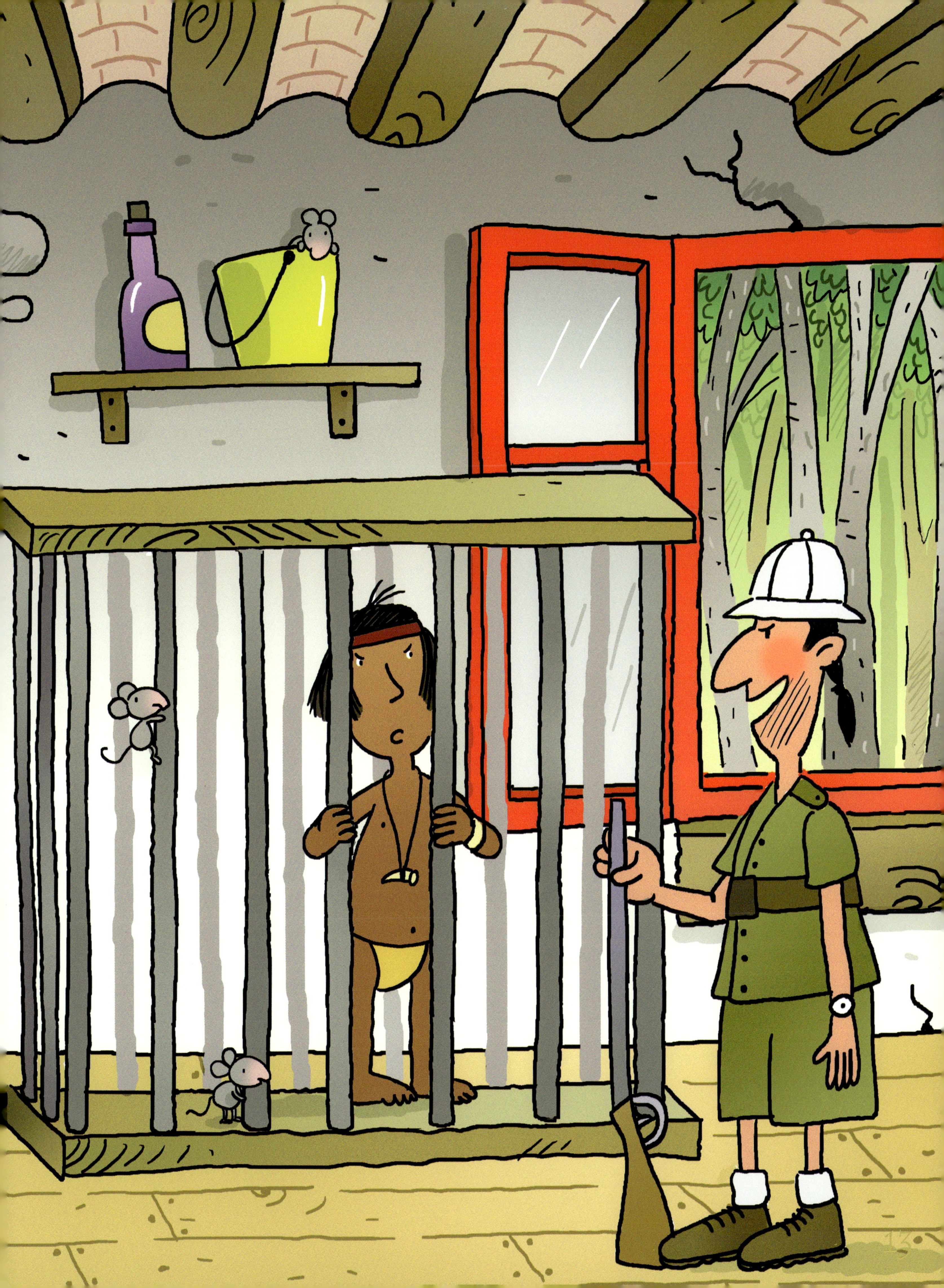

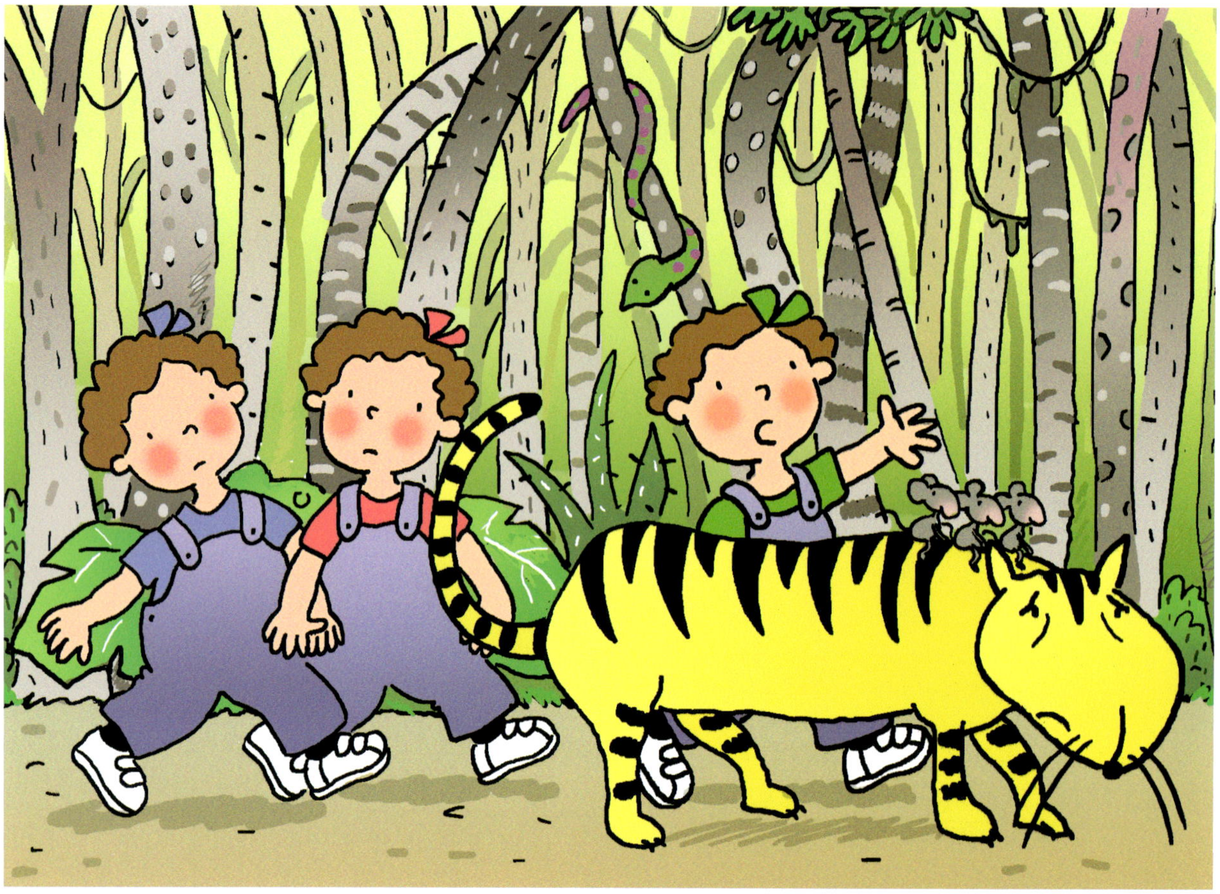

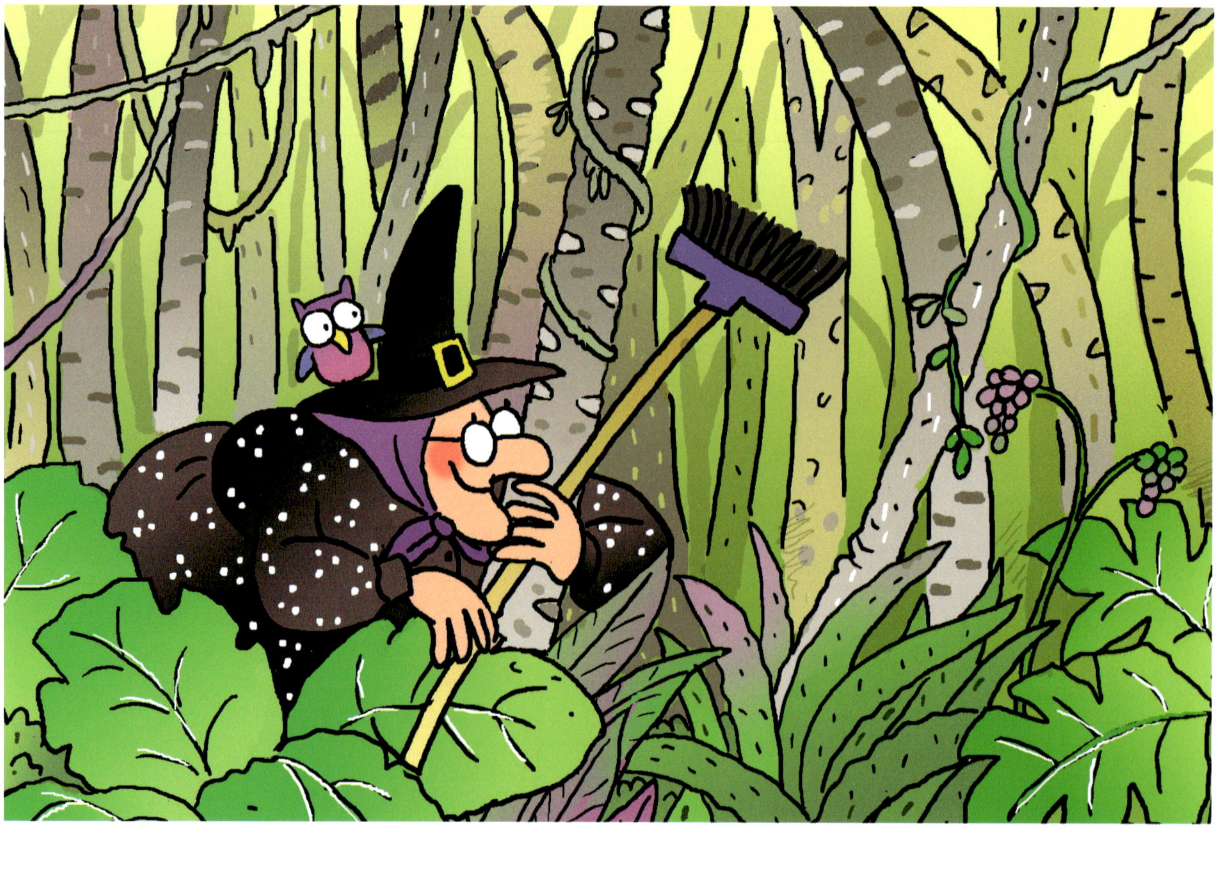

Las Tres Mellizas y Shere Khan se dirigen hacia el poblado de los humanos con la esperanza de encontrar a Mowgli. El tigre les cuenta que hace mucho tiempo que han perdido el rastro de su amigo y que, incluso teniendo un olfato muy fino, no consiguen averiguar dónde está el muchacho.

–Seguro que alguien se habrá encargado de borrar su rastro para que no podamos olerlo –dice el tigre.

Shere Khan conduce a las niñas a través de la frondosa selva y es su guardián.

–La selva es muy peligrosa –dice Shere Khan–. Todavía no entiendo cómo habéis podido llegar hasta aquí...

Unos metros atrás, la Bruja sigue las huellas de las Tres Mellizas y el tigre.

–Si creen que no voy a ponerles ningún obstáculo, andan muy equivocadas –dice Aburrida al Búho–. ¡Ja, ja, ja! Tengo que evitar como sea que suelten a Mowgli.

Dicho y hecho. Sin perder tiempo, Aburrida se disfraza de tigresa para encantar a Shere Khan y distraerle… De esta forma, el tigre no va a conducir a las niñas hasta el poblado.

Cuando Shere Khan ve aquella tigresa tan hermosa, le falta tiempo para correr detrás de ella.

–Pero ¿qué está haciendo? –pregunta Ana.

–Creo que se nos ha enamorado… –dice Elena.

De repente, Teresa ve al Búho y se le enciende la bombilla.

–¡Mirad! –dice a sus hermanas–. Es el mismo búho que hemos visto antes… ¡Es el búho de Aburrida! Y esta tigresa… ¡Es ella! Debemos atraparla.

Pocos segundos después, las Mellizas ya tienen un plan:

–Señora Aburrida, le llaman al teléfono –grita Teresa.

Como a Aburrida le encanta hablar por teléfono, abandona su disfraz de tigresa y va corriendo hacia las Mellizas.

–¡Ja, ja, ja! –ríen las niñas al ver la cara de enfadada que pone cuando se da cuenta de que la han engañado.

17

La Bruja Aburrida está de muy mal humor, y se apresura a ir hacia el poblado para intentar llegar antes que las Mellizas. Gracias a su magia, ha localizado la cabaña donde tienen preso a Mowgli.

–¡Eh, chico! –dice la Bruja al cazador–. ¡Si no te espabilas, en un abrir y cerrar de ojos tendrás aquí a Shere Khan!

El cazador mira a Aburrida con cara de pocos amigos, y no parece muy dispuesto a hacer caso de las advertencias de aquella mujer tan estrafalaria.

–Y este no es el único peligro, porque el tigre va muy bien acompañado: ¡Va con tres niñas mellizas que también están buscando a Mowgli!

–¿Te crees que me das miedo? –dice el cazador, muy enfadado.

Mowgli mira hacia la ventana de la cabaña convencido de que pronto van a rescatarlo. Sabe que Shere Khan y las tres niñas que lo acompañan están cada vez más cerca…

19

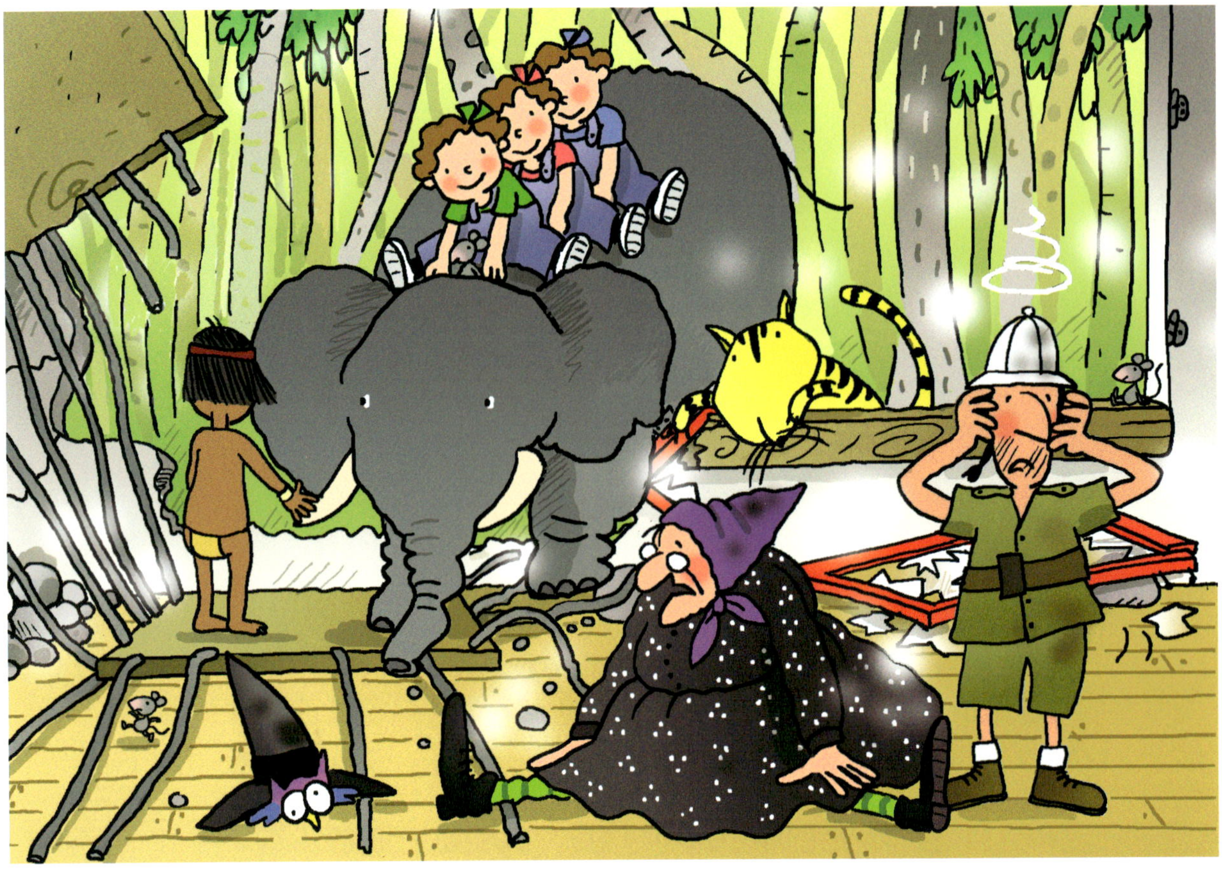

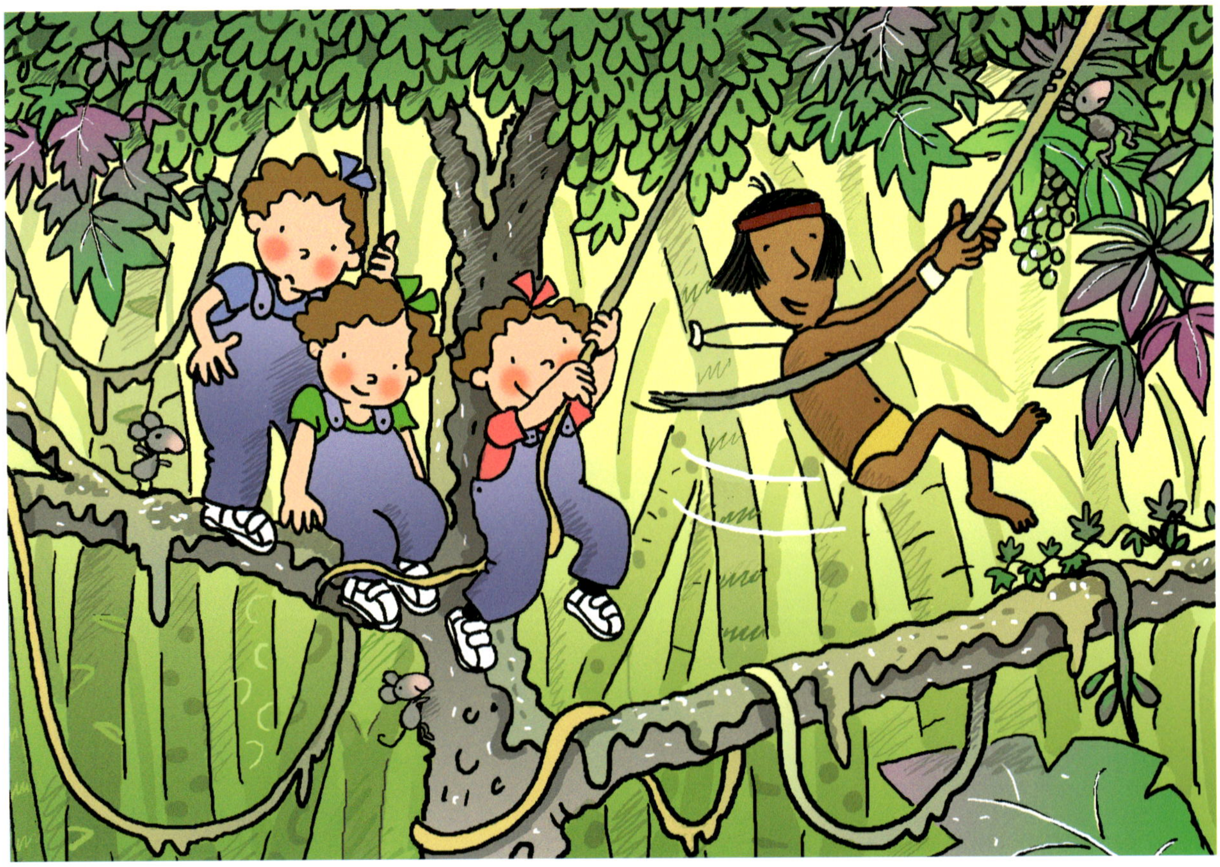

Afortunadamente, Shere Khan ha podido seguir el rastro de Aburrida y no le resulta nada difícil llegar hasta la cabaña. Shere Khan ha pedido ayuda a su amigo elefante para que eche al suelo la pared de la cabaña y de este modo poder soltar a Mowgli. Una vez fuera, Mowgli, las Tres Mellizas y los animales se dan prisa en adentrarse en la selva. Mientras tanto, la Bruja y el cazador todavía intentan entender qué ha ocurrido…

–Para no dejar rastro usaremos las lianas –dice Mowgli.

–¡Qué divertido! –exclaman las niñas.

Mowgli les enseña cómo deben coger la liana para no caerse y cómo deben trepar a los árboles.

–De esta forma os llevaré a la Ciudad de los Simios sin que nadie pueda seguirnos.

Antes de empezar el trayecto, las niñas se entrenan un poco. Lo encuentran tan divertido…

Pero la tranquilidad de la selva queda repentinamente interrumpida por el sonido de un helicóptero.

–¡Qué pájaro tan extraño! –dice Mowgli observando el cielo desde la rama de un árbol.

–¡Es un helicóptero! –le dice Teresa–. Son el cazador y Aburrida que nos persiguen.

Como Mowgli no quiere que nadie descubra dónde se halla oculta la Ciudad de los Simios, pide ayuda a sus amigos los pájaros.

–Cuando oigáis un silbido –les dice–, rodead aquella especie de pájaro gigante que vuela por encima de vosotros e intentad que aterrice.

De repente, Mowgli silba y un montón de pájaros levanta el vuelo en dirección al helicóptero, que debe hacer un aterrizaje forzoso.

–¡Viva! –gritan las niñas.

–Vayamos hacia la Ciudad de los Simios. Este pajarraco ya no puede seguirnos –exclama Mowgli.

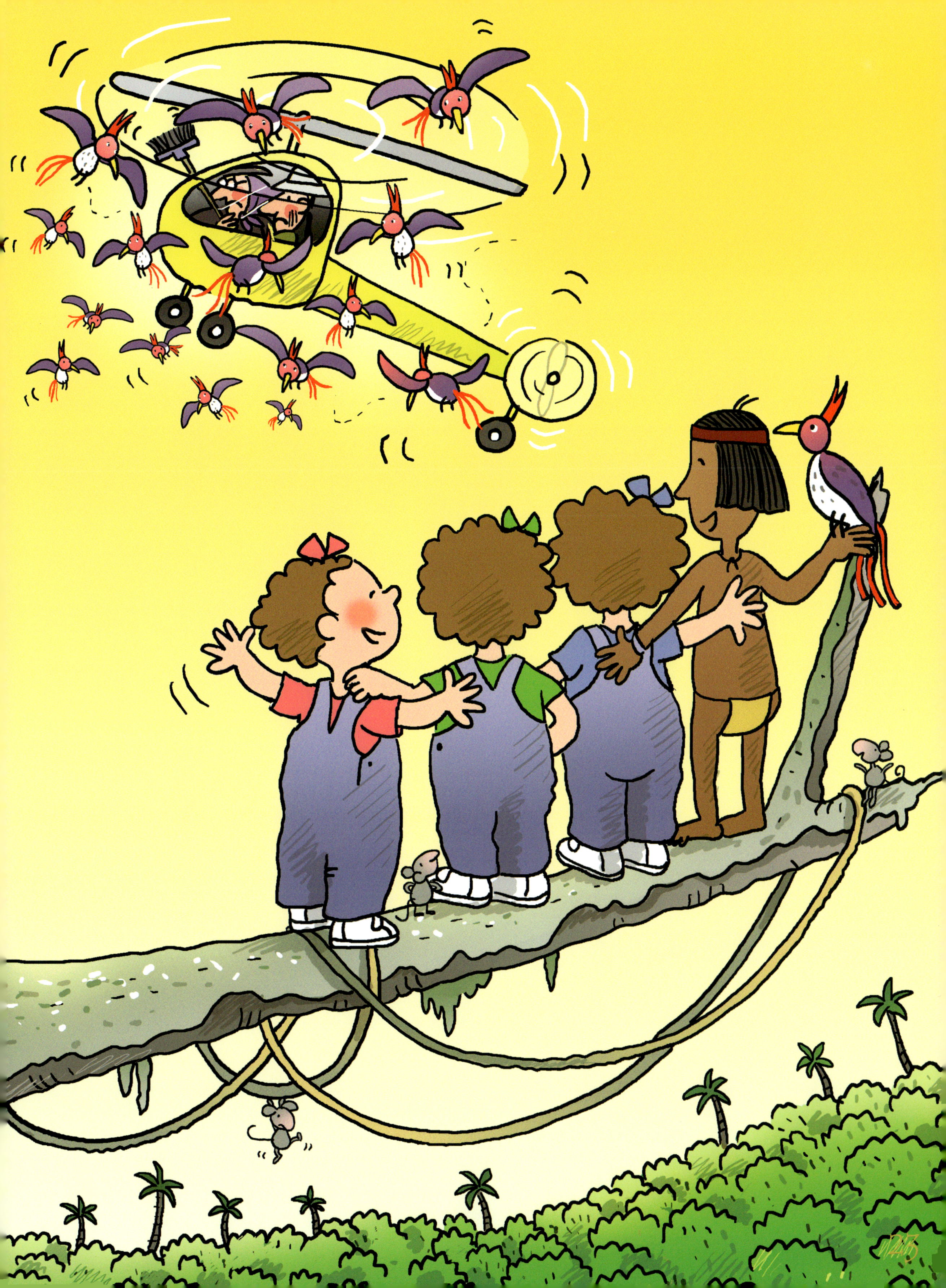

La Ciudad de los Simios se encuentra en plena selva, en un lugar de difícil acceso, escondido entre muchas plantas salvajes. Unas ruinas indican que, un día, allí había habido una ciudad.

Mowgli muestra satisfecho aquel escondite a las Mellizas, que lo contemplan boquiabiertas.

–Es un lugar increíble, ¿verdad? Cuando quiero estar solo, vengo aquí –explica el muchacho.

–¿Y los simios? –pregunta Ana.

–Hace años que se fueron –dice Mowgli–. Venid que quiero mostraros algo...

Las niñas siguen a Mowgli hacia el interior de la ciudad y descubren que está llena de tesoros. El muchacho cuenta que todo aquello pertenece a los animales de la selva y que él es el guardián.

Entonces, las Mellizas cuentan a Mowgli que los animales del zoo necesitan dinero para mejorar su calidad de vida.

–Pues coged todo lo que queráis antes de que oscurezca –les dice Mowgli.

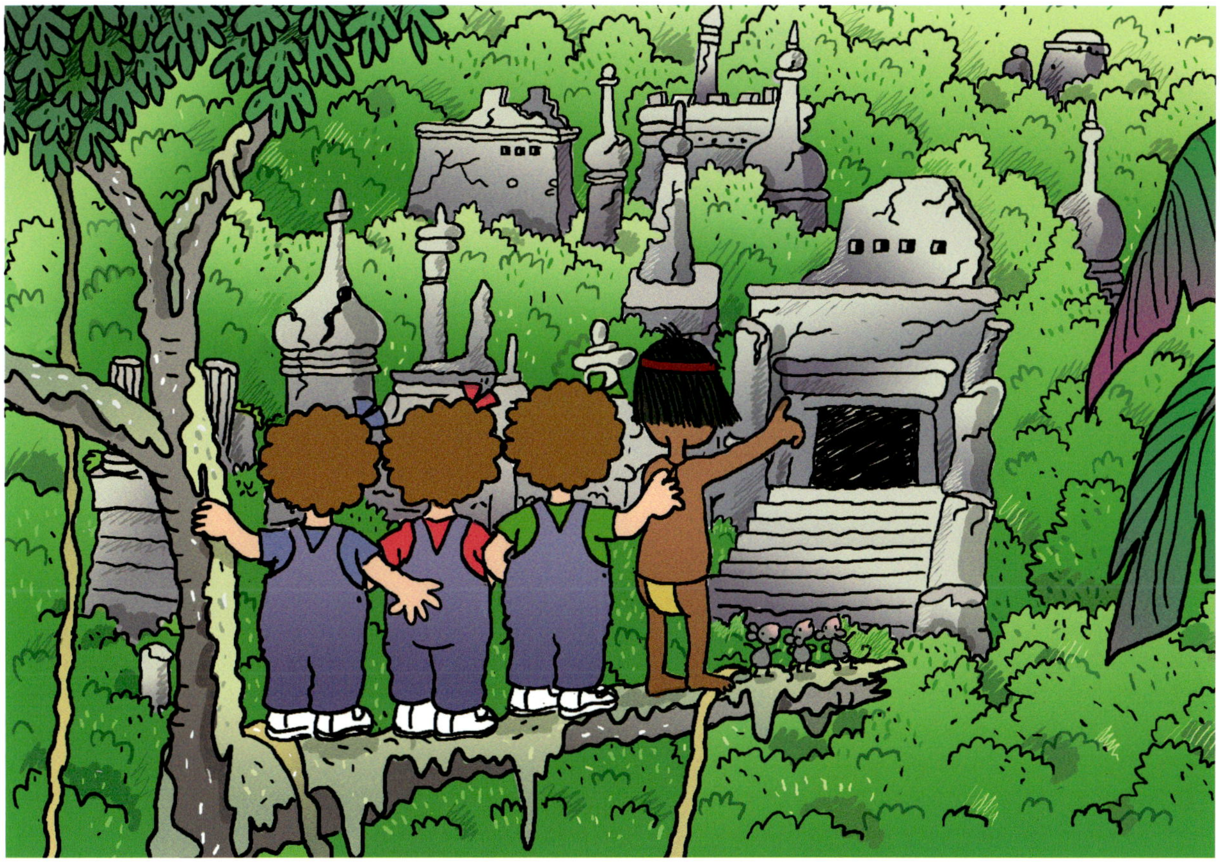

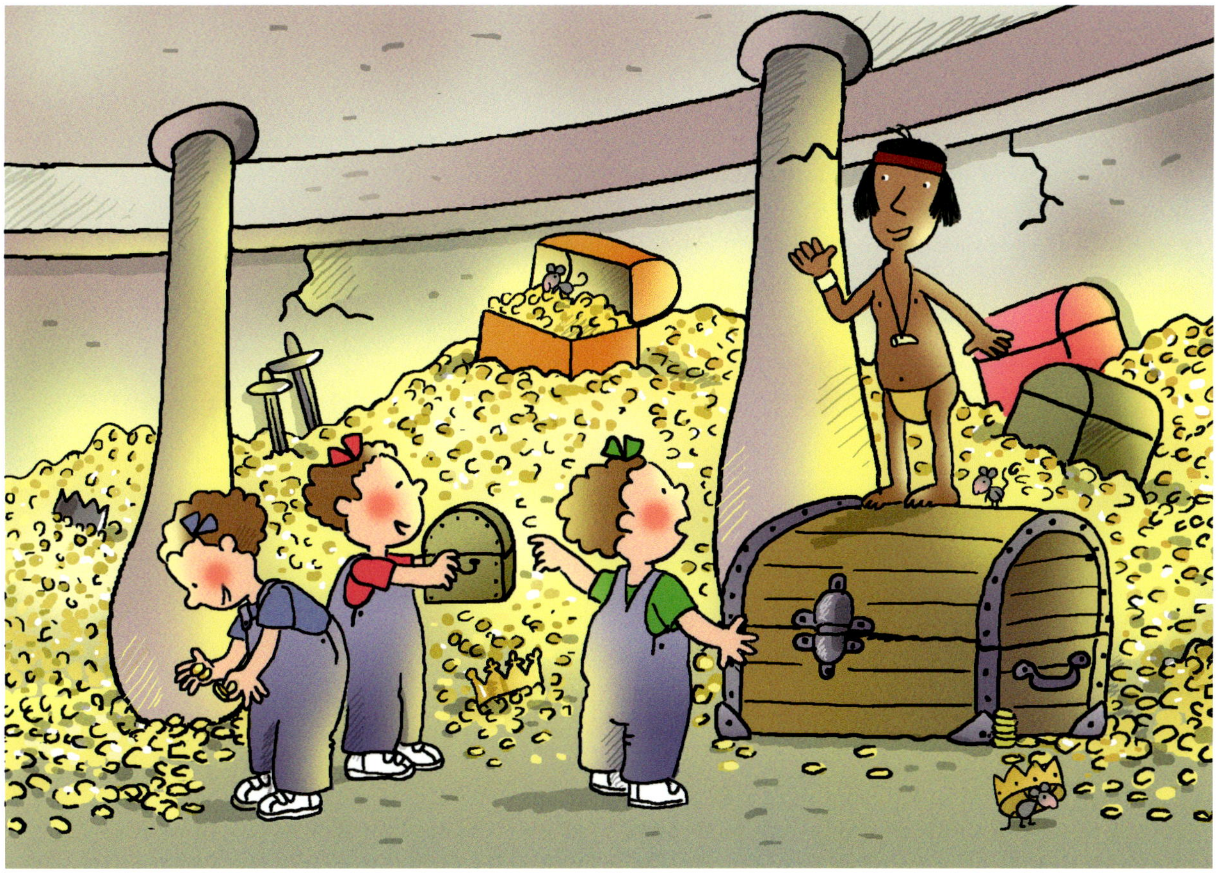

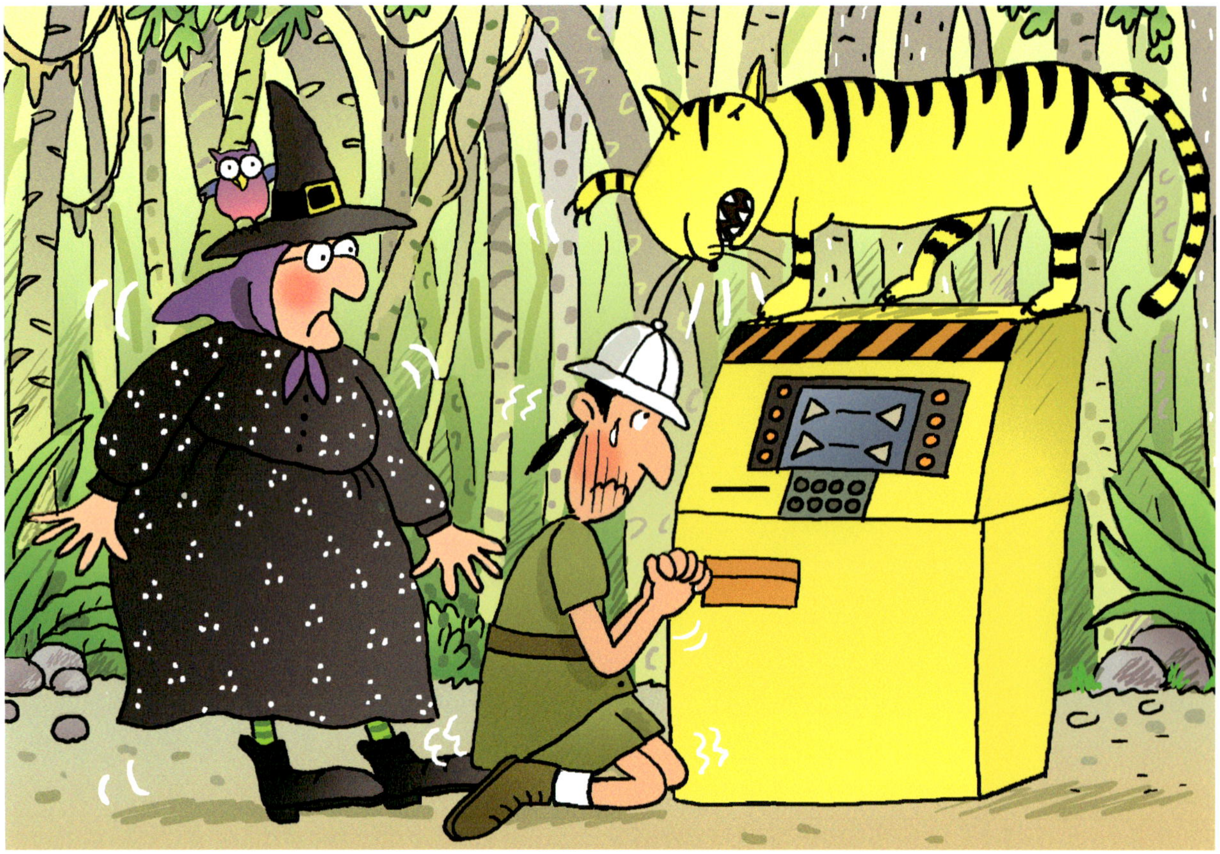

Mientras tanto, Shere Khan vigila al cazador y a Aburrida desde lo alto de un cajero automático: ella lo había hecho aparecer para que el cazador hiciera chantaje al tigre...

–Si dejas que me vaya, te daré todo lo que tengo –le dice el hombre, llorando.

–¡Mmm! ¡Lo único que quiero es zamparme una hamburguesa de cazador! –gruñe Shere Khan.

–Debo largarme antes de que me convierta en filete de Bruja –dice Aburrida, refunfuñando.

Pero, en un abrir y cerrar de ojos, Mowgli y las Mellizas se plantan delante de ellos:

–¿He oído bien? ¿Has dicho que quieres hacer una donación? –pregunta Mowgli–. Así me gusta, cazador, los animales del zoo te lo van a agradecer. ¡Ja, ja, ja!

El cazador da a las Mellizas el dinero que había ganado vendiendo animales y huye lo más rápido que puede de las garras de Shere Khan.

Las Mellizas están muy contentas: con todo el dinero que han conseguido en la Ciudad de los Simios, los animales del zoo ya no deberán estar enjaulados.

–Pero ¿cómo haremos llegar todo esto al responsable del zoo? –pregunta Teresa.

Aburrida, que todavía ronda por allí y sólo tiene ganas de regresar a su casa para perder de vista a Shere Khan, lo tiene muy claro:

–¡Ya lo tengo! Con mi magia y el cajero automático, puedo hacer llegar el dinero al zoo.

–¿Podemos fiarnos de ella? –pregunta Elena.

–Creo que sí –dice Mowgli riendo mientras señala a Shere Khan, que enseña sus colmillos a la Bruja.

–¡No os olvidaré! –dice Mowgli cuando se despide de las niñas.

–¡Nosotras tampoco! –tienen tiempo de decir las Mellizas antes de desaparecer con Aburrida.

29

El responsable del zoo no entiende nada; no sabe de dónde ha podido salir tanto dinero, pero está muy contento. ¡Por fin podrá arreglar el zoo! Solamente los animales del parque saben que su amigo Mowgli les ha echado una mano...

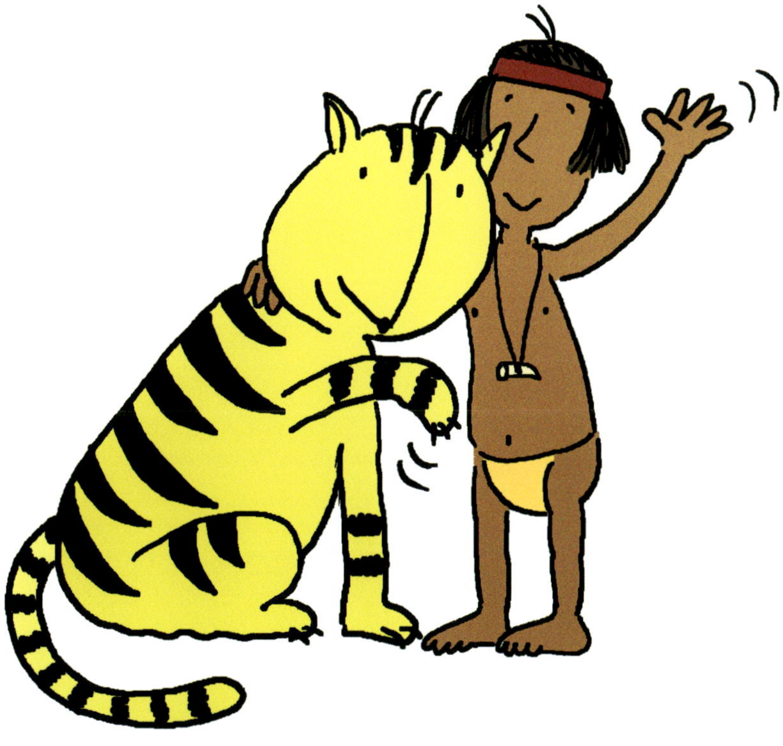

El Rincón de los Sabios

- **Del cuento a la historia real** 35
  - Todo empezó... 36
  - Descubramos vocabulario 44
  - Cosas curiosas 48

- **De la ilustración al dibujo animado** 53

Del Cuento a la Historia Real

Después de conocer a estos personajes, las Mellizas querían saber más sobre ellos. Por este motivo, las niñas han revuelto las estanterías de varias bibliotecas, donde han encontrado todo lo que vamos a contarte...

Todo empezó...

Kipling, un hombre enamorado de la India

Joseph Rudyard Kipling, el autor de *El libro de la selva*, fue escritor y periodista y nació en 1865 en Bombay, la ciudad más grande de la India. Pasó una parte de su infancia en este país, pero a la edad de 6 años sus padres lo enviaron a estudiar a Inglaterra.

Cuando terminó sus estudios, con 16 años, regresó a la India, donde se dedicó durante un tiempo a ejercer de periodista, mientras también escribía poemas satíricos y relatos.

Joseph Rudyard Kipling

Pero la fama le llegó con las historias que publicó entre 1888 y 1889 que narran la vida de los ingleses en la India. La belleza de los paisajes y la bondad de la gente de este país influyeron mucho en Kipling, y por este motivo aparecen constantemente en sus novelas y cuentos.

Todo empezó...

Aparte de *El libro de la selva*, uno de sus libros más famosos es *Kim de la India*, que explica las aventuras y desventuras de un niño indio. Otras novelas también muy conocidas de este autor son *Capitanes intrépidos* y *El rey de Kafiristan*, que, como otros libros de Kipling, se han llevado a la gran pantalla con gran éxito.

Imagen del film *Capitanes intrépidos*

En realidad, los relatos de Kipling fueron ya tan famosos en su época que, en 1907, le concedieron el premio Nobel de literatura. Esto le convirtió en el primer escritor inglés que recibía este importante galardón.

Kipling se casó con Caroline Balestier, una americana con quien tuvo tres hijos. Después de un largo viaje por Asia y Estados Unidos, Kipling se estableció definitivamente en Londres, ciudad donde murió en 1936.

> Rudyard, el segundo nombre de Kipling, hace referencia al lago Rudyard de Inglaterra, lugar donde se conocieron sus padres.

Todo empezó...

Una ranita perdida en la selva

El libro de la selva explica la vida y las aventuras de un niño a quien cría una familia de lobos. En la selva, este niño se enfrenta al terrible tigre cojo Shere Khan con la ayuda de sus amigos: el oso Baloo, la pantera negra Bagheera y Kaa, una serpiente.

Ya de mayor, el niño debe decidir si se queda con su familia de la selva o si se va a vivir con los humanos...

El libro de la selva también recibe el nombre de *El libro de la jungla* o *El libro de las tierras vírgenes*. Y consta de dos partes, aunque la primera es la que recoge la historia más conocida.

Como sus padres adoptivos son dos lobos y el niño tiene la piel desnuda y sin pelo, le ponen el nombre de Mowgli, que significa «pequeña rana».

Pero Mowgli no es el único personaje del libro que tiene un nombre con significado. *Akela*, el nombre del gran lobo solitario, en indio significa «el que está solo», *Baloo*, el del oso pardo amigo de Mowgli, significa «oso», y *Shere*, el nombre del malvado tigre cojo, significa «tigre».

A través de una serie de aventuras protagonizadas por estos y otros animales, *El libro de la selva* recoge valores y enseñanzas como las que siguen:

- El débil, si es inteligente, puede ganar al fuerte y obcecado.

- El valor puede vencer a la cobardía y convertir al cazador en presa.

- Las experiencias de la vida proporcionan sabiduría y hay que aceptarlas.

- Es importante escuchar los buenos consejos de los maestros, porque ellos son la experiencia.

Todo empezó...

La Ley de la Selva

El libro de la selva empieza con estas palabras:

«*Rann, el milano, es el mensajero de la noche
que Mang, el murciélago, recoge.
Los rebaños están encerrados sin pacer
y nosotros rondaremos hasta el amanecer:
es nuestra hora del orgullo y el poder,
de la zarpa, la garra y el placer.
¡Escuchad la llamada!... ¡Buena caza a aquel
que de la selva obedezca la Ley!*».

> La Ley de la Selva de Kipling pide a los animales que tengan como norma de conducta la amistad y la comprensión.

En su libro, Kipling habla a menudo de la Ley de la Selva: el autor utiliza este concepto para explicar muchas de sus ideas, su forma de entender el mundo. La Ley de la Selva ayuda a mantener el orden y el equilibrio entre todos sus habitantes; es una ley muy estricta pero también justa. Procura velar por el bien de todos los animales y exige obediencia a aquellos que mandan, y ser leal. También pide un gran respeto por la fuerza de voluntad y valora el esfuerzo y el deber del trabajo.

Todo empezó...

En un momento de la novela, cuando el tigre Shere Khan quiere cazar a un hombre, Kipling escribe estas palabras:

«La Ley de la Selva, que nunca impone nada sin motivo, les prohíbe a todas las fieras que devoren al hombre, salvo cuando estén cazando para enseñar a sus hijos, e incluso en ese caso deberán matar fuera del territorio de caza de su manada o tribu. La verdadera causa de que esto sea así es que matar a los hombres acaba por traer consigo, más tarde o más temprano, la llegada de hombres montados sobre elefantes (...) Y eso significa sufrimiento para todos los habitantes de la selva. La razón que los animales se dan los unos a los otros es que el hombre es la más débil e indefensa de todas las criaturas vivientes y que no sería deportivo tocarlo siquiera.»

> Según Kipling, los habitantes de la selva aprecian mucho la libertad, y la Ley de la Selva también la valora y la protege.

Todo empezó...

La India, un país de contrastes

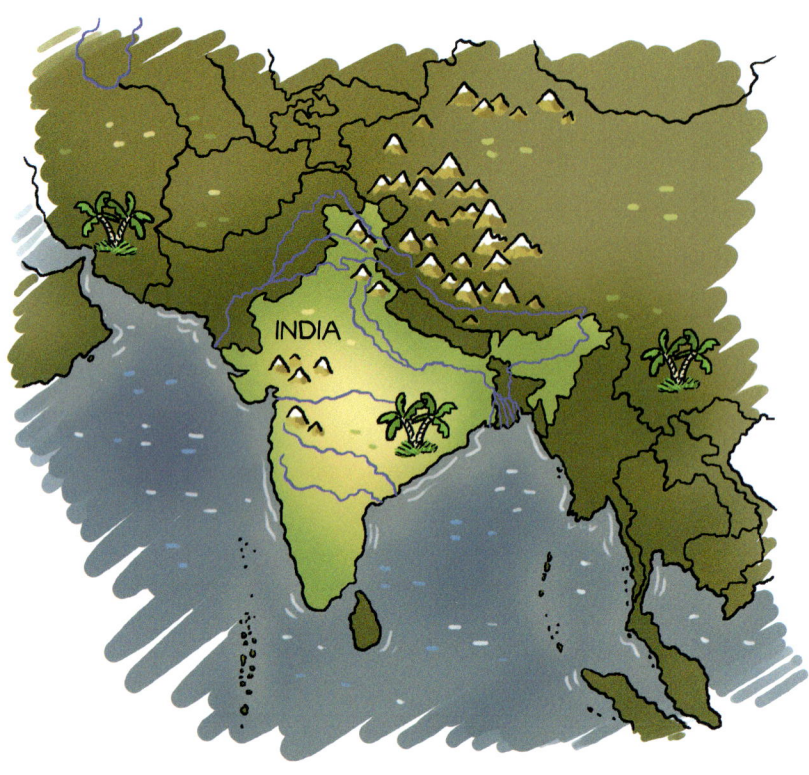

La India, con unos 1.000 millones de habitantes, es el país más poblado del mundo después de China. Su capital es Nueva Delhi, y Bombay, Benarés, Calcuta y Madrás son algunas de las ciudades importantes de este país asiático. Durante muchos años, la India estuvo bajo el dominio de los ingleses hasta que, en 1947, se independizó.

El territorio que ocupa este país tiene dos zonas perfectamente diferenciadas. La cordillera del Himalaya, que la India comparte con otros países, está situada al norte y hace que esta zona sea muy montañosa.

Las zonas del centro y sur están formadas por llanuras regadas por ríos tan caudalosos como el Indo, el Ganges y el Brahmaputra.

El río Ganges en el Himalaya

Todo empezó...

Excepto la zona del Himalaya, la mayor parte de la India tiene un clima tropical. Hace mucho calor y durante unos meses llueve sin parar debido a los monzones, unos vientos cargados de humedad que llevan gran cantidad de lluvias y que suelen provocar grandes inundaciones. Este clima favorece una vegetación exuberante, con selvas muy frondosas habitadas por numerosos animales salvajes.

El Everest, que se encuentra en la cordillera del Himalaya, es el pico más alto del mundo. Tiene 8.844 m. de altura.

A pesar de su riqueza agrícola, la India es un país pobre y con graves problemas sanitarios y médicos. Instituciones como la Fundación Vicens Ferrer o la Congregación de Misioneras de la Caridad, fundada por la madre Teresa de Calcuta, trabajan al lado de la gente más desfavorecida de la India para ayudarla a organizar y hacer más productivo su trabajo.

Descubramos vocabulario

🍃 Los animales

Estos son algunos de los animales que aparecen en *El libro de la selva* y otros que, como ellos, también viven en la India.

Elefante asiático:

Mamífero herbívoro más pequeño que su pariente africano. Tiene unas orejas muy pequeñas en comparación con su cabeza. Hathi, que en indio significa «elefante», es uno de los personajes del libro de Kipling.

Leopardo:

Mamífero carnívoro de cuerpo musculoso y ágil que fácilmente puede encaramarse a los árboles. Su pelaje es amarillo con manchas negras en forma de anillo. Este animal puede habitar tanto en las llanuras como en las montañas. Existe una variedad de leopardo de pelo negro, la llamada pantera negra. Bagheera, la maestra y amiga de Mowgli, es un ejemplar de este tipo de animal.

Una pantera negra

Descubramos vocabulario

Langur:

Simio muy ágil con el cuerpo, los brazos y la cola largos y delgados. Vive en grupos numerosos y le gusta pasar mucho tiempo en lo alto de los árboles. Los alocados y estrafalarios Bandar-log que raptan a Mowgli son monos de esta especie.

Cocodrilo marino:

Este gran reptil carnívoro se encuentra en las costas de la India y en el resto del sur de Asia. Los ejemplares más grandes llegan a medir 7 metros y pueden pesar hasta 1.000 Kg.

Lobo:

Animal carnívoro, fuerte y ágil, de patas largas y robustas. Emite un aullido muy característico y caza de noche. Mowgli es criado por una familia de lobos. Akela, el Gran Lobo Solitario, es un lobo gris que domina al grupo mediante su fuerza e ingenio. Hermano Gris es el cachorro amigo y compañero de Mowgli.

Descubramos vocabulario

Gavilán:

Ave rapaz. Es muy listo y un gran cazador. En el libro de Kipling, Rann es el gavilán que informa a Mowgli y sus amigos de todo lo que ocurre en la selva.

Oso pardo:

Es un animal muy robusto, de uñas curvadas y fuertes y hocico alargado. Su pelaje es muy espeso y de color marrón. Habita en Europa y en zonas templadas de Asia. Baloo es un oso pardo dormilón que hace de maestro al pequeño Mowgli.

Murciélago:

Es un mamífero volador de costumbres nocturnas cuyo sentido de la vista está muy poco desarrollado. Utiliza los ultrasonidos para orientarse y buscar su alimento. En *El libro de la selva*, el murciélago Mang es el encargado de esparcir la noche por el cielo.

Descubramos vocabulario

Pitón:

Es una serpiente que puede medir entre 4 y 8 metros de largo. No es venenosa y ataca a sus víctimas rodeándolas y asfixiándolas con la fuerte presión de sus anillas. En el libro de Kipling, Kaa es una pitón que impone su dominio.

Tigre de Bengala:

Es un felino fuerte y feroz que caza todo tipo de animales. Su pelaje es de color naranja con rayas negras muy marcadas. En la India, el tigre está considerado el rey de la selva, un animal valiente y listo, muy lejos de la imagen que Kipling nos ofrece de Shere Kan, el enemigo de Mowgli. Actualmente, este tigre está en peligro de extinción.

Chacal:

Es un animal carnívoro, parecido al perro, que se alimenta principalmente de carroña, es decir, de los residuos que dejan los leones y otros felinos. El chacal arrastra la mala fama de ser cobarde. Tabaqui es el chacal que, en *El libro de la selva*, obedece las órdenes de su amo, el tigre Shere Kan.

Cosas curiosas

Además de las aventuras de Mowgli, en *El libro de la selva* encontramos varias historias de animales que viven en la selva. Es el caso de Hathi, el elefante salvaje que conoce todas las historias de la jungla; la de Darzee, el pájaro tejedor; o la de Kotick, la pequeña foca blanca que busca sin parar una playa donde ella y sus compañeras puedan vivir en paz.

Fotograma de una película de Bollywood

La mayoría de películas que llegan a nuestras pantallas proceden de los estudios de Hollywood, en los Estados Unidos. Pero, en realidad, la India es el país del mundo donde se realizan más películas. Su cine se conoce con el nombre de «Bollywood», y normalmente se producen películas llenas de color que tratan de temas románticos y contienen mucha música, bailes y una gran dosis de acción.

Cosas curiosas

🌿 *Himalaya,* el nombre de la cordillera que la India comparte con otros países, en la lengua sánscrita significa «residencia de las nieves». Y *Chomolugma* (que quiere decir «diosa madre») es la forma como los tibetanos denominan al Everest. En la parte india de la cordillera del Himalaya se encuentra el Kanchejunga que, con 8.598 metros, es el tercer pico más alto del mundo.

Montañas de la cordillera del Himalaya

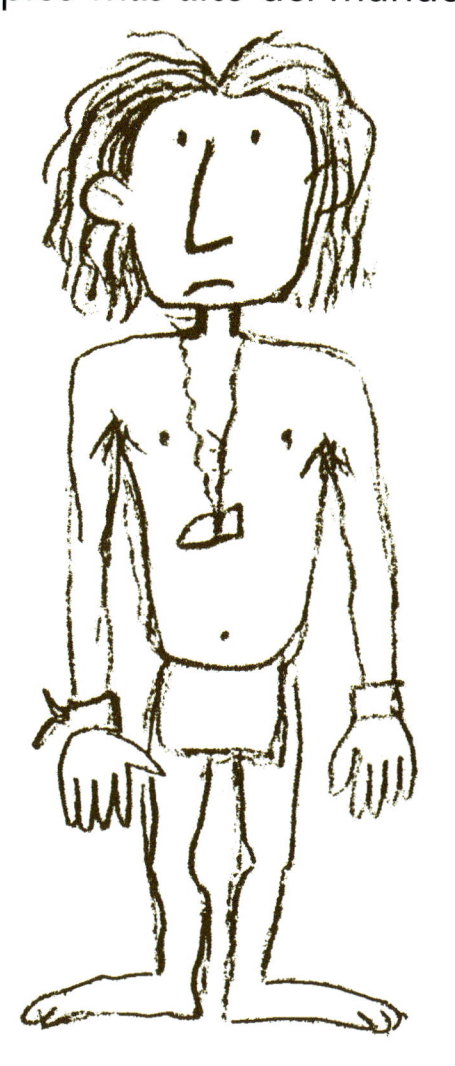

🌿 Un personaje muy famoso criado también por animales es Tarzán, un niño que se pierde en plena selva africana y es recogido por una familia de simios. Ya hace muchos años que el cine popularizó la figura de Tarzán y su inseparable mona Chita.

El sánscrito es una de las lenguas clásicas de la India, el origen de varias lenguas que se hablan hoy en aquel país.

49

Cosas curiosas

🍃 El Ganges, con un recorrido de 2.510 Km., es el río más importante de la India. Nace en la cordillera del Himalaya y a sus orillas se encuentran ciudades tan importantes como Calcuta o la sagrada Benarés. Después de dividirse en muchos brazos y canales, el Ganges desemboca en el golfo de Bengala, en el océano Índico.

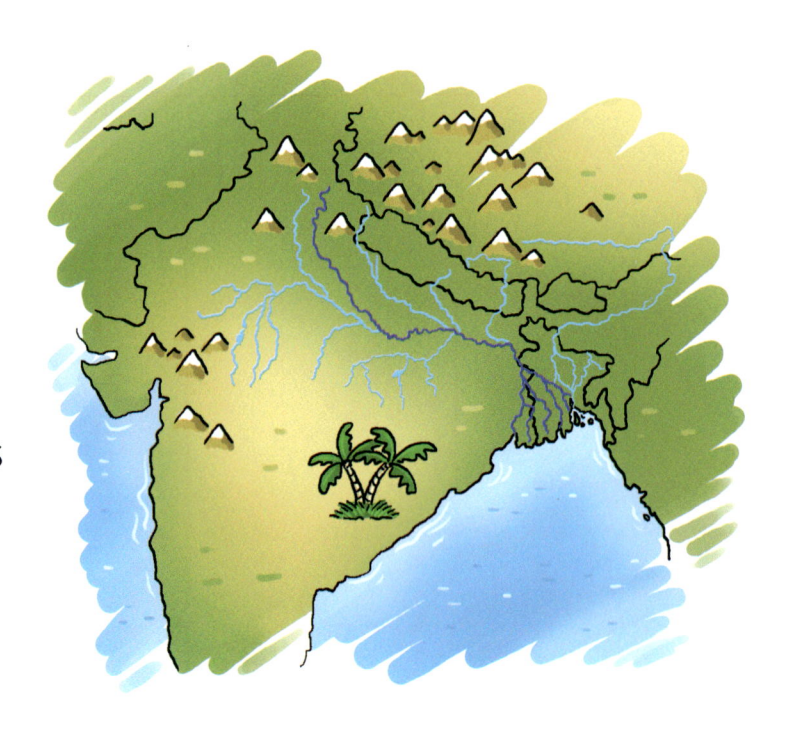

El nombre del río Ganges proviene de la palabra *ganga*, que en indio quiere decir «río».

🍃 Para los hindús, el Ganges es un río sagrado: muchos peregrinos van hasta él a meditar o se bañan en sus aguas para purificarse de los pecados. También creen que morir en sus orillas los conduce a la salvación eterna. Es por ello que en sus márgenes se instalan piras funerarias donde se incinera a las personas que han muerto.

Hindús en la orilla del Ganges

Cosas curiosas

🍃 En la India hay bastantes ciudades antiguas abandonadas que la frondosidad de la selva mantiene ocultas. Rudyard Kipling visitó las ruinas de Chitor y Amber, dos de estas ciudades, y parece que le inspiraron a la hora de describir el lugar donde unos monos llevan a Mowgli prisionero: una ciudad donde no queda ningún recuerdo de los humanos que un día la habitaron.

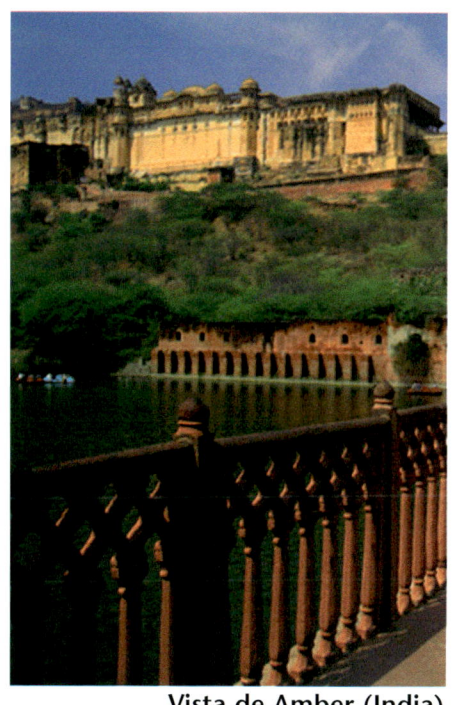

Vista de Amber (India)

Cartel de *El libro de la selva* de Disney

🍃 En 1966, Disney llevó al cine las aventuras de Mowgli en forma de película de dibujos animados. Sus personajes y canciones son conocidos por niños y niñas de todo el mundo.

51

Cosas curiosas

Robert Baden-Powel

🌀 Robert Baden-Powell fue el fundador del movimiento *scout*. El escultismo enseña el respeto a la naturaleza, la tolerancia, la igualdad, el compañerismo, una sana actividad física y la capacidad de superar las adversidades. *El libro de la selva* y sus personajes son una de las guías del escultismo. Las cosas buenas de cada uno de los protagonistas del libro son ejemplo de comportamiento y organización para todos los chicos y chicas que, desde principios del siglo XX, forman agrupaciones en todo el mundo.

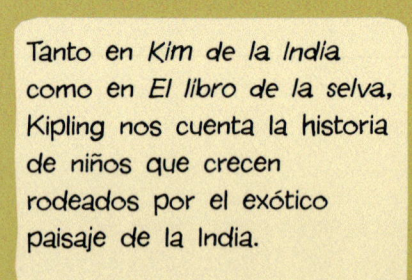

> Tanto en *Kim de la India* como en *El libro de la selva*, Kipling nos cuenta la historia de niños que crecen rodeados por el exótico paisaje de la India.

🌀 *Kim de la India*, otra de las famosas historias de Kipling, narra las aventuras de un chico huérfano muy listo y espabilado. Kim recorre el país acompañando a un anciano sacerdote en su peregrinación a la ciudad de Benarés para purificarse en el río Ganges.

De la Ilustración al Dibujo Animado

El proceso de hacer dibujos
animados es largo y en él
interviene mucha gente.
A continuación te contamos
algunas cosas sobre sus orígenes
y sobre cómo se fabrican...

La fábrica de imágenes

Las imágenes de la linterna mágica

Las proyecciones de linterna mágica duraron cerca de 250 años: este es el tiempo que transcurrió desde que se inventó, a mediados del siglo XVII, hasta que desapareció sustituida por el cine. Como ya hemos contado en capítulos anteriores, la linterna servía para educar, informar, crear espectáculos de miedo o para distraer a la familia en proyecciones domésticas. Como se le dieron tantos usos distintos, los temas que proyectaba la linterna mágica eran muy variados; había casi tantos temas como los que hoy podemos encontrar en cine o en televisión.

Había, por ejemplo, imágenes documentales, otras que mostraban paisajes lejanos, monumentos de ciudades, otras culturas, razas, etc.; imágenes que querían informar sobre sucesos o noticias importantes, como guerras, coronaciones de reyes o desastres naturales; imágenes educativas, dirigidas sobre todo a alumnos de escuelas e institutos...

También estaban las imágenes infantiles, principalmente historias y cuentos de toda la vida, como *La Cenicienta*, *Blancanieves* o *La vuelta al mundo en 80 días*. Las imágenes de tipo humorístico, que pretendían hacer reír explicando un chiste con imágenes, también eran habituales. Otros tipos de imágenes eran las religiosas, las publicitarias o las fantasmagorías.

Pero también existían unas placas de vidrio en las que la imagen proyectada se movía. Un sistema muy rudimentario de poleas y engranajes hacía que parte del dibujo se pudiera mover: las aspas de un molino girando, un barco navegando, un hombre al que le crecía la barriga...

Placa para linterna mágica móvil. *Mujer y baúl* (1800-1860)

También había la posibilidad de hacer que, de repente, una parte de la imagen quedara sustituida por otra (un hombre que cae dentro de una olla, un monstruo que sale de un baúl...). Este tipo de placa con movimiento era la que tenía más éxito entre el público, la que hacía reír más a los espectadores de linterna mágica. Estos espectadores, sin saberlo, estaban preparándose para ver unas imágenes en movimiento sobre la pantalla mucho más sorprendentes y perfectas que las que producía la linterna mágica: las imágenes del cine.

Los modelos

En otros volúmenes de esta colección ya hemos explicado la importancia que tienen los modelos: en ellos, el animador encuentra casi toda la información que necesita para dibujar y hacer mover a los personajes. Y no sólo necesita verlos desde distintas perspectivas, sino que también le es útil tenerlos haciendo expresiones distintas: el mismo personaje triste, contento, enfadado, etc.

También será de gran ayuda para el animador ver a un personaje haciendo varias posturas: sentado, tumbado, corriendo...

Los modelos

Cuando los animadores hablan de un «contrapicado» se refieren a la perspectiva en que un personaje es visto desde debajo, como si nosotros fuéramos más bajitos que él. Un «picado» es lo contrario: cómo se ve un personaje desde arriba, como si lo miráramos desde lo alto de una silla, por ejemplo.

PICADO **CONTRAPICADO**

Los modelos

De la misma forma que existen los modelos de personajes, también están los modelos de partes de estos personajes. Sus manos, por ejemplo, cambian mucho, y por este motivo es importante que el animador pueda verlas en distintas posturas: abiertas, cerradas, cogiendo algo o señalando.

Los modelos

A veces, para que los animadores tengan claro cómo deben dibujar a un personaje, se hace una hoja de modelos explicando errores que se cometieron en otras ocasiones a la hora de reproducirlo. Es el caso de esta melliza que alguien ha dibujado con el cuello demasiado largo, la nariz chata, los ojos demasiado largos...

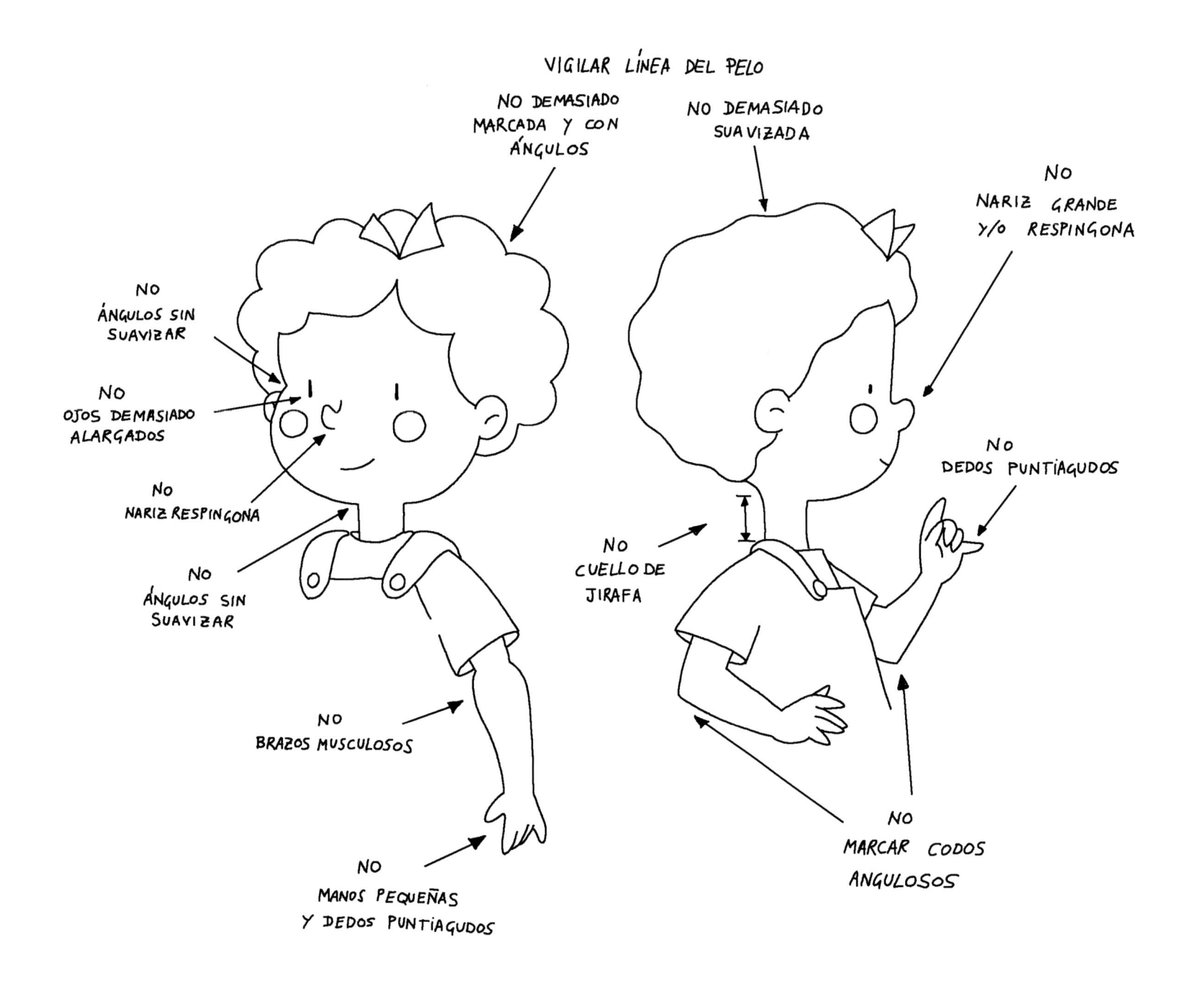

VIGILAR LÍNEA DEL PELO
NO DEMASIADO MARCADA Y CON ÁNGULOS
NO DEMASIADO SUAVIZADA
NO NARIZ GRANDE Y/O RESPINGONA
NO ÁNGULOS SIN SUAVIZAR
NO OJOS DEMASIADO ALARGADOS
NO NARIZ RESPINGONA
NO ÁNGULOS SIN SUAVIZAR
NO DEDOS PUNTIAGUDOS
NO CUELLO DE JIRAFA
NO BRAZOS MUSCULOSOS
NO MANOS PEQUEÑAS Y DEDOS PUNTIAGUDOS
NO MARCAR CODOS ANGULOSOS

Los modelos

Otra cosa importante que explican los modelos es cómo se construye un personaje. Antes de que una melliza quede dibujada en detalle, se hace un dibujo previo a partir de formas ovaladas, redondas y cilíndricas... Este dibujo previo es el esqueleto del personaje, y en él quedan indicados también los puntos por donde el animador moverá las distintas partes de su cuerpo: los codos, las rodillas, las muñecas, el cuello...

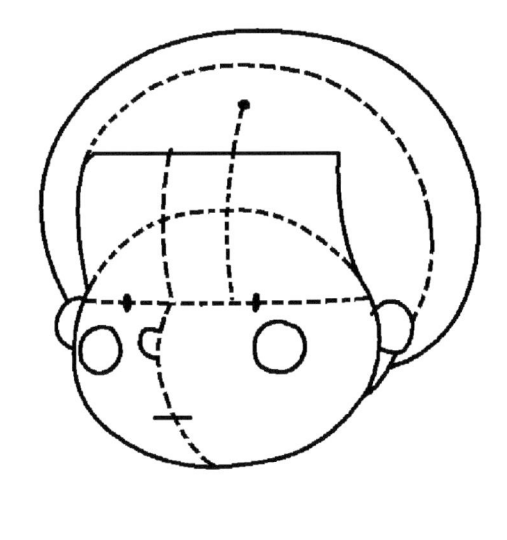

Los modelos

La cabeza de este esqueleto está dividida por una línea discontinua horizontal que indica al animador dónde debe dibujar los ojos y las orejas del personaje. Una línea discontinua vertical indicará al animador dónde debe dibujar la nariz y la boca.

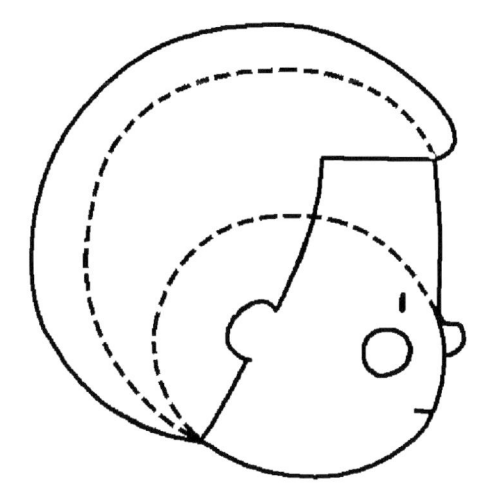

Para que un personaje tenga siempre la misma altura, se toma como referencia la medida de su cabeza. Las Mellizas, por ejemplo, deben medir siempre tres cabezas de altura. Con esta referencia, cuando un animador las dibuje, siempre las hará con la misma altura...

El juego

Aburrida ha apartado 10 piezas del puzzle que han hecho las Mellizas. ¿Podrías decirnos qué lugar ocupa cada pieza uniendo su número a una letra del puzzle?

SOLUCIONES: 1=H, 2=B, 3=E, 4=C, 5=I, 6=D, 7=G, 8=F, 9=A, 10=J

El juego

63

Títulos de la colección

1. Don Quijote
2. Gutenberg
3. Velázquez
4. Viaje al centro de la Tierra
5. W. Amadeus Mozart
6. Vincent van Gogh
7. Tutankamón
8. El mundo del cine
9. Cyrano de Bergerac
10. Moby Dick
11. El Dr. Jekyll y Mr. Hyde
12. El libro de la selva

Próximos títulos

El taller de Gaudí

Tristán e Isolda

Watt y la máquina de vapor

Merlín el encantador

© 2005, Cromosoma, SA y Televisió de Catalunya
www.cromosoma.com

Edición y diseño: Equipo Cromosoma
Ilustraciones: Roser Capdevila y su equipo

Texto del cuento: Teresa Blanch, a partir del guión audiovisual
Texto de El rincón de los sabios: Lola Casas y Jesús González
Texto de La fábrica de imágenes: Jordi Pons
Traducción: Margarida Trias
Documentalista: Maria Días
Fotografías: Firo foto, Album y Museu del Cinema-Col·lecció Tomàs Mallol (Girona)

ISBN: 84-95731-79-7
Depósito legal: B-53641-2005
Impreso en Gràfiques Maculart, SA
Impreso en España

Con la colaboración de:

Generalitat de Catalunya
Institut Català
de les Indústries Culturals

Museu del Cinema
Col·lecció Tomàs Mallol

Se prohibe la reproducción total o parcial de esta obra, en cualquiera de sus formas, gráfica o audiovisual, sin la previa autorización escrita por parte de la editorial, excepto citaciones en revistas, diarios o libros, siempre que se mencione su procedencia.